ACADÉMIE NATIONALE DE REIMS

L'ENTRÉE
DU
Roi Très Chrétien Henri II
DANS LA VILLE DE REIMS
ET SON COURONNEMENT

TRADUCTION DE L'ITALIEN,
COMMUNIQUÉE PAR M. HUGUES KRAFFT, MEMBRE TITULAIRE

REIMS
LUCIEN MONCE, IMPRIMEUR DE L'ACADÉMIE
74, rue Chanzy, 74

1913

ACADÉMIE NATIONALE DE REIMS

L'ENTRÉE
DU
ROI TRÈS CHRÉTIEN HENRI II
DANS LA VILLE DE REIMS
ET SON COURONNEMENT

TRADUCTION DE L'ITALIEN,
COMMUNIQUÉE PAR M. HUGUES KRAFFT, MEMBRE TITULAIRE

REIMS
LUCIEN MONCE, IMPRIMEUR DE L'ACADÉMIE
74, rue Chanzy, 74

1913

La Intrata

del Re Christianissimo Henrico II

nella citta di Rens et la sua

incoronatione

Notice du titre : In Vinegia per Paolo Gherardo. M.D.XLVII.

Notice finale : In Vinegia per Comin de Trino di Monferrato, l'anno M.D.XLVII.

ACADÉMIE NATIONALE DE REIMS

L'ENTRÉE
DU
ROI TRÈS CHRÉTIEN HENRI II
DANS LA VILLE DE REIMS
ET SON COURONNEMENT

Traduction de l'italien,
communiquée par M. Hugues KRAFFT, membre titulaire

A Ville-Cotre, le 8 août 1547.

Le 25 du mois passé, Sa Majesté Très Chrétienne se rendit de bon matin à un endroit, une lieue distant d'ici, pour disposer et ordonner son entrée ; dans laquelle devant intervenir le seigneur Pietro Strozzi et Mgr de Castiglion [1], ses favoris, Elle ne voulut pas qu'ils vinssent sans l'Ordre de Saint-Michel, ce qui fut cause qu'ils eurent une place plus honorée dans la compagnie qui suivait Sa Majesté Très Chrétienne, laquelle aussitôt après dîner se leva, et s'en vint vers cette ville, accompagnée de cette manière :

D'abord il y avait environ cent archers de la ville, avec la livrée blanche et noire, honnêtement à cheval ;

[1] Tous les noms propres sont reproduits tels qu'ils se trouvent dans le texte italien.

ensuite environ autant de nobles et d'officiers de la ville, vêtus à la mode de la ville, c'est-à-dire de certaines robes à la française de drap noir doublées, les unes de damas, d'autres de velours noir ; puis les officiers, qui étaient en petit nombre, avec des robes longues de drap violet, toutes doublées de satin noir.

Derrière eux suivaient les archers de justice, avec le prévôt de l'hôtel de Sa Majesté Très Chrétienne, vêtus d'une livrée blanche et noire avec le croissant de la lune sur la poitrine et au dos, l'estoc et le ceinturon royal par dessus ; le tout fait d'écailles d'or et d'argent, avec la devise qui succède à la Salamandre du Roi Très Chrétien François. Puis cent suisses, avec leur capitaine, armés d'épées et de hallebardes, tous nouvellement vêtus de blanc et noir, c'est-à-dire en velours et argent, et avec tant de panaches que c'était une très belle chose à voir.

Ceux-ci passés, commença une belle compagnie de gentilshommes de la maison de Sa Majesté Très Chrétienne, de ceux de la chambre et, en dernier lieu, des colonels, lesquels en tout pouvaient être cent chevaux. Puis venaient douze hérauts, pour autant de provinces que tient Sa Majesté Très Chrétienne, vêtus dessous de velours blanc, et dessus de sa cotte d'armes de velours noirâtre, avec les armoiries des provinces en or et en argent, lesquels étaient tous à cheval. A pied suivait Mgr de Canaple, chevalier de l'Ordre, avec le grand collier de Saint-Michel, accompagné de cent gentilshommes, richement vêtus chacun à sa façon ; et derrière ceux-ci suivaient les princes sur de très beaux chevaux, bien ornés d'or et d'argent, et tous avec des vêtements d'or de diverses modes.

Parmi les premiers, il y avait : le prieur de Rome,

Mgr de Rius, Mgr de Talamon, Mgr de Martigue, le jeune comte de la Mirandole, les deux fils cadets de Mgr de Guise, le seigneur Horatio, deux fils du seigneur connétable, et d'autres, au nombre de douze à quatorze chevaux. Après les princes venaient Mgr de Sedan, et Mgr de Saint-André, vêtus de très beaux habits d'or, et très bien à cheval, avec deux bâtons à la main en signe de leur office, qui est maréchal de France ; et, vêtu de même, suivait Mgr de Bovsi. grand écuyer, avec l'estoc royal au côté, et le seigneur connétable avec l'épée nue à la main. Aussitôt après ceux-ci venait le dais du roi, de velours noirâtre fleurdelysé d'or, porté par les quatre officiers les plus dignes de la ville, et entouré de tous les écuyers à pied.

Sa Majesté chevauchait, sous le dais, sur un très beau coursier de Reame, de robe alezane, caparaçonné de velours noir brodé et ferré d'argent. Elle était habillée de moire tabisée noire, toute couverte de broderie en fil d'argent ; de même le chapeau, les bas et la jupe. Ainsi que Sa Majesté Très Chrétienne, tous les autres princes étaient vêtus pour cavalcader : qui de justaucorps d'or et d'argent, sans autre chose ; qui de collets et de petits manteaux par dessus, soit d'or, soit de soie brodée d'or et d'argent. Le bruit des colliers d'or et le choc des panaches sont omis, parce que quiconque connait les coutumes françaises, comme vous messire Marco Antonio, comprend toutes ces choses de soi-même.

Suivaient le dais : d'abord le roi de Navarre, puis Mgr de Vendôme, Mgr de Mompensier, Mgr de Nivers, Mgr d'Angien, Mgr de Guise, Mgr Dumala, Mgr Dumena, et d'autres princes encore, superbement vêtus d'or, et si bien à cheval, que je ne pensai pas voir jamais en France autant de coursiers arabes et turcs que j'en vis ce jour-là. Si ceux-ci en avaient de beaux, les chevaliers de l'Ordre pouvaient soutenir la comparaison ; ils suivaient au nombre d'environ vingt, très bien vêtus, eux aussi, avec leurs grands colliers au cou. Derrière eux, il pouvait y avoir quelque cinquante barons très bien vêtus, après lesquels il n'y eut plus que la garde des archers, avec la livrée au croissant de lune seulement, comme je vous ai dit plus haut de ceux de la Justice, mais sans épée.

Ce fut vraiment une belle compagnie, mais en nombre bien moindre de celle que chacun imaginait pour la grandeur de la famille et le nombre des courtisans de Sa Majesté Très Chrétienne, lesquels, je ne sais pour quelle raison, pour la plupart ne l'accompagnèrent pas. Je pense que cela a pu être à cause des prohibitions de se vêtir pompeusement ; mais si, en cette occasion, ils avaient dépassé le but, je veux croire que les avertissements n'auraient pas eu de suite.

Sa Majesté Très Chrétienne allant donc entrer dans la ville, je trouvai aux portes du Bourg un arc construit en bois avec quatre colonnes, et avec un bout de galerie au-dessus ; puis un croissant de lune au faîte, avec la devise qui disait : *Donec totum compleat orbem.* Sur la galerie, il y avait une boule grande comme une mappemonde, s'ouvrant en huit parties, laquelle, à l'arrivée de Sa Majesté Très Chrétienne devant la porte, fut descendue artificieusement jusqu'à terre ; il en sortit une très belle vierge richement vêtue, ornée de beaucoup de bijoux et représentant la ville de Rens, qui n'a jamais été à d'autres princes qu'aux rois de France, laquelle, sortie de la boule et prosternée par terre à genoux, avec un sermon bref et convenable, présenta à Sa Majesté Très Chrétienne les clefs de la ville. Le roi montra grand plaisir à cette chose, et répondit par quelques paroles à la demoiselle, en riant. L'ayant embrassée, comme de coutume, Elle continua son entrée, marchant par la rue principale de la ville, où tous les métiers avaient, l'un à côté de l'autre, préparé de grandes torches de cire, longues comme de très grandes lances allumées, et celles de la ville un grand et très bel arc ; chacun criait : « Henri, Henri, roi de France, vive éternellement ! »

L'arc avait trois portes : une grande, de sorte qu'un homme à cheval, avec la lance, y aurait passé commodément, et deux petites des deux côtés ; au-dessus de la porte, il y avait une galerie, divisée en trois parties, avec sept fenêtres, au milieu desquelles il y avait douze dames, deux par fenêtre, et, à celle du milieu, un chevalier honorablement vêtu, chaque dame et le chevalier représentant une vertu, pour signifier le nom et les vertus du roi. Le chevalier signifiait l'Honneur ; la première des dames l'Espérance, la seconde la Noblesse, puis la Renommée qui veut dire Réputation, puis la Justice, l'Équité, la Vérité, l'Amour, la Libéralité, l'Obéissance, l'Intelligence et la Sagesse, lesquelles vertus forment ensemble, par les premières lettres de leurs noms, *Henri de Valois*, comme vous le pouvez voir.

Je compris cette signification par l'inscription qui désignait, à un endroit visible, le chevalier et les dames, car, de moi-même, je n'aurais pas su interpréter ces subtilités françaises. Si je vous disais une épitaphe qui pendait au milieu de l'arc, et si je vous décrivais l'habillement et les choses qu'avaient à la main les dames pour faire connaître les vertus qu'elles signifiaient, vous auriez à rire ; mais laissons cela et venons aux autres choses.

Le toit de l'arc était carré, et, au milieu, il y avait comme un chapiteau arrondi pareil à celui des cubes de Saint-Marc, qui avait au sommet un certain vase, duquel, sans qu'on vît d'autre matière, il sortait du feu ; aux quatre coins du toit, il y avait quatre croissants de lune, et sur l'architrave, et partout où l'on pouvait mettre des lettres, il y avait écrit : *Donec totum compleat orbem*, comme aussi sur le premier arc.

Passé cela, on avait construit sur une petite place, en un certain lieu élevé, un jardin, dans lequel il y avait une grande fleur de bois avec trois lys, de chacun desquels il semblait qu'il sortit une dame représentant une nymphe, qui, d'un certain vase qu'elle avait à la main, répandait de l'eau ; puis, commodément placé dans un angle de ce jardin, un croissant de lune sur lequel descendait de très haut un ange avec une couronne à la main, qui semblait couronner le dit croissant, comme emblème de Sa Majesté Très Chrétienne. Celle-ci, en passant outre, parvint à la place de l'église. Elle trouva une fontaine de bois, construite pour son entrée, de divers côtés de laquelle, et de la main de nymphes et de faunes qui étaient dessus, il sortait de très bon vin qui fut recueilli par une grande multitude de gens avec force acclamations.

D'un autre côté, dans un lieu élevé, il y avait un héraut qui, en criant « Vive le Roi », en grande quantité répandait de l'argent, lequel, quoiqu'il fît accourir le peuple et abandonner le vin, au milieu des uns et des autres tombait inutilement à terre.

Près de cette fontaine, parce que la place était très

petite, Sa Majesté Très Chrétienne rencontra l'archevêque de la ville, avec les autres cinq pères évêques, ou disons Paladins de France, avec le très révérend légat et le nonce, les très révérends cardinaux, et tous les prêtres de la ville, et, arrivée près de ceux-ci autant qu'il était convenable, Elle descendit de cheval. Du très révérend de Giuri en habit d'évêque avec la mître, comme évêque de Lanchres, par le bras droit, et du très révérend de Castiglion, comme évêque de Beoves (Beauvais), par le bras gauche, le roi fut conduit jusqu'à la porte de l'église, où, agenouillé avec le béret à la main, avant qu'il entrât, il jura dans la main de l'archevêque une certaine promesse que, à cause du grand bruit qui se faisait, je ne pus entendre, mais on dit qu'elle est d'usage pour tous les rois qui se trouvent dans ce cas.

Ensuite, entré dans l'église et arrivé à l'autel, le roi fit l'offrande, qui fut une petite statue en argent doré du Christ quand il ressuscite et sort du sépulcre, d'une valeur de cinq cents écus.

Après avoir entendu les vêpres, il se rendit à sa chambre qui se trouvait à l'évêché, et la trouva richement ornée de tapisseries d'or et de soie. Je ne sais si ce sont celles de Fontainebleau ; mais elles sont vraiment très belles et très riches. Et à la porte il y avait un autre arc avec quatre croissants de lune sur le toit comme au précédent, avec la même devise des autres arcs ; mais avec, en plus, une pyramide de pierre en toute pareille à celle de Rome, excepté pour la grandeur, laquelle avait au sommet un pommeau, et sur le pommeau un croissant de lune. Autour de la pyramide on avait attaché beaucoup de lierre, et la devise en dessous disait : *Crescam et te stante virebo.*

Dans ce logement, Sa Majesté Très Chrétienne soupa sans plus de cérémonie qu'à l'ordinaire et, vers minuit, alla à l'église avec l'archevêque pour prier et se confesser, comme c'est l'habitude pour prendre le Très Saint Sacrement le lendemain, dans la cérémonie de la consécration et du couronnement ; ce que je vous écrirai une autre fois, car la présente est trop longue et peut-être aussi ennuyeuse, car je vous ai décrit si mal et avec des paroles ordinaires l'entrée que fait, une seule fois, le plus grand roi de la Chrétienté.

Véritablement, Monsieur, je m'attendais à voir plus de grandeur en toutes choses ; mais je comprends que le Roi Très Chrétien n'ait pas voulu, à dessein, faire de grandes dépenses, ainsi conseillé par les siens, qui tout le jour lui rappellent de ne pas se soucier de la vanité et d'économiser l'argent pour pouvoir s'en servir, à l'exemple de César, à des choses de plus grande importance. Du reste, j'ai vu Sa Majesté Très Chrétienne fort libérale, et si je voulais vous dire les dons et les présents qu'Elle a faits à ses serviteurs et à ceux qui le méritaient, vous en seriez étonné. Et terminant ainsi pour le moment, je me recommande à vous.

De Ville-Cotre, le 10 Août 1547.

Puisque, dans mes autres lettres, je vous ai écrit l'entrée seule du Roi Très Chrétien dans cette ville, pour vous tenir ma promesse, il me reste à vous écrire la cérémonie de la consécration et du couronnement de Sa Majesté Très Chrétienne, laquelle, parce qu'elle dura sept heures, sera une histoire un peu plus longue que celle de l'entrée. Afin que vous n'éprouviez pas d'ennui en la lisant, vous pourrez vous réserver de la voir à un moment où vous n'aurez pas autre chose à faire, et que vous voudrez fuir l'oisiveté. Et parce que je vous fais mention de deux choses, c'est-à-dire : consécration et couronnement, et que, dans la consécration de ce roi, il y a des détails différant des consécrations des autres rois, je juge à propos, avant de vous dire autre chose, de vous expliquer de quelle manière elle se fait, et quelle a été l'origine de cette habitude.

Je crois que vous savez que les Français sont des gens d'origine ancienne de Franconie, province d'Allemagne, lesquels avant qu'ils fussent chrétiens, sous deux capitaines, Mérovée et Clodovis, vinrent en Gaule pour y trouver de nouveaux pays à habiter. Agréés ici par Étio, capitaine romain, ils eurent pour habitation la ville de Paris avec le pays tout autour qui s'appelle à présent la France d'après leur nom, et qui est très petit et restreint. Ayant longtemps habité là, ils s'accrurent tellement en puissance qu'ils subjuguèrent grand nombre de leurs voisins, les chassant de leur pays, au point qu'ils eurent la hardiesse d'assaillir l'Allemagne. Faisant la guerre aux Allemands, — qui de beaucoup étaient plus puissants et plus nombreux, — sous un de leurs rois, nommé Clovis, ils se trouvèrent en très grand danger et n'attendaient que la ruine finale.

Or Clovis épouvanté, se rappelant les remontrances que sa femme nommée Clothilde, qui était chrétienne, avait coutume de lui faire, eut recours au Christ, lui promettant de se faire baptiser, le suppliant de l'aider dans un si grand péril et de lui donner la victoire.

Notre-Seigneur l'ayant exaucé, Clovis, fidèle à sa promesse, s'en alla à la ville de Rens, rejoindre son épouse et un homme saint, nommé Remy, qui y habitait, auquel il raconta la chose, et peu de temps après il tint sa promesse. Ainsi il se fit baptiser par Remy, en présence de tout le peuple, dans une des principales églises de cette ville, où, après les cérémonies obligées, il entra nu dans les fonts baptismaux, et y attendit longtemps le prêtre qui lui apportait le chrême et qui ne pouvait passer à cause de la grande multitude de gens. Comme il s'en plaignait beaucoup, il fut miraculeusement apporté du ciel, par une colombe, une petite ampoule avec un certain liquide, et déposée dans les mains de Remy, lequel, l'ayant dévotement acceptée, avec le liquide qu'il y trouva, compléta le chrême manquant et fit, en même temps, Clovis chrétien et roi.

Cette ampoule fut ensuite conservée avec beaucoup de vénération, et le liquide qu'elle contient a servi à oindre tous les rois de France.

C'est certes une chose admirable que tant de rois, qui dans l'espace de mille ans ont régné en France, aient été oints avec le liquide de cette ampoule qui, par un miracle divin, est toujours restée pleine. Pour cette raison le nouveau roi est venu maintenant à Reims afin de se faire oindre et couronner ; la cérémonie fut préparée dans la cathédrale de la ville, et le tout se fit par la main de l'archevêque.

Dans cette église on orna seulement le chœur et la grande chapelle ; le reste n'avait pas d'autre décoration ni d'ornement de plus qu'à l'ordinaire ; il était même tout nu. Le chœur et la chapelle étaient fermés de tous côtés ; on ne pouvait entrer que par une porte, et avec très grande difficulté ; car il y avait les archers et les hallebardiers qui ne donnaient accès à aucune personne, en dehors de celles qui devaient être admises selon la volonté du roi. Tout autour des murs, il y avait les tapisseries ordinaires de l'église, parce que, ici, c'est la coutume que toutes les cathédrales aient leurs ornements. Mais, de plus, des deux côtés du grand autel et dans l'espace que tient la chapelle, il y avait deux loges hautes, pour la reine et les dames, toutes ornées de drap d'argent et de velours violet avec les armoiries de France et de Bretagne, où vint la reine avec Madame, avec la princesse de Navarre et toutes les autres dames, si bien vêtues et avec tant de perles et de bijoux que je ne puis l'exprimer, et que je crois certainement qu'il n'y en a pas autant dans tout le reste du monde. Cette fois, sans doute, le roi a sorti tout le contenu de son cabinet que, dernièrement, Sa Majesté Très Chrétienne a fait estimer par quelques bijoutiers expérimentés, qui jugèrent qu'il se montait en tout (je dirai une chose incroyable, mais très vraie) à trois millions d'écus. Pensez si, de toutes parts, la reine et les dames resplendissaient.

Au-dessous de ces premières loges il y en avait deux

autres, l'une pour les ambassadeurs, qui était en face de celle de la reine, et l'autre aussi pour les dames qui ne pouvaient avoir de la place dans celles d'au-dessus.

En bas on avait placé beaucoup de bancs, tout couverts de draps d'or, d'un côté et de l'autre, ce qui, au milieu, laissait un peu de place pour le siège du roi qui, avec l'escabeau pour s'agenouiller, était placé en face du centre de l'autel, toute la housse de broché. Derrière celui-ci, il y avait deux sièges l'un après l'autre, couverts d'or : le premier pour le seigneur connétable, et le second pour le grand chancelier ; puis un banc, où s'assirent le duc de Longueville, grand chambellan, au côté droit ; au côté gauche, Mgr de Sedan, maréchal de France, et au milieu Mgr de Saint-André avec le grand bâton d'or et d'argent, comme grand-maître ; le grand écuyer, qui devait précéder le maréchal, ne fut pas présent, parce que, étant un peu malade, il ne vint pas.

En face du roi, au milieu de l'autel, il y avait le siège de l'archevêque, sur lequel celui-ci était assis tourné vers Sa Majesté, avec ses ministres des deux côtés. En face exactement de l'autel, au-dessus de la grande porte du chœur, on avait préparé un trône, très élevé, vers lequel on allait par deux escaliers, et, au milieu, il y avait le siège et le tabouret du roi avec le baldaquin, et les sièges pour le connétable et le grand chancelier devant le tabouret du roi, et ceux du grand-maître, du chambellan et du maréchal derrière le roi ; ensuite, d'un côté et de l'autre, les sièges pour les pairs, ou disons paladins de France. Ce trône, tous les sièges et le tabouret, étaient couverts de velours noir fleurdelysé d'or, et de la même manière était fait le baldaquin.

D'abord entrèrent dans la chapelle quelques archers et hallebardiers, puis les gentilshommes de la maison du roi, derrière lesquels n'entrèrent que quelques gentilshommes des plus favorisés de la cour, puis les pairs de France qui furent le roi de Navarre au lieu du duc de Bourgogne, Mgr de Guise au lieu du duc de Normandie, Mgr de Vendôme au lieu du duc de Gienne, Mgr de Nivers au lieu du comte de Flandre, Mgr de Mompensier au lieu du comte de Champagne, Mgr Dumala au lieu du comte de Toulouse. Tous ceux-là s'assirent du côté gauche sur le premier banc ; sur les autres, derrière eux, s'assirent ensuite les autres princes et les chevaliers de l'Ordre, et d'autres gentilshommes qui vinrent successivement après le roi. Les autres pairs de France, qui sont les évêques, s'assirent du côté droit, excepté le premier, qui est l'archevêque de Reims, qui s'assit à l'endroit dit plus haut ; et ce furent le cardinal de Givei comme évêque de Lanchres, le cardinal de Castiglion comme archevêque de Beoves, l'évêque de Noion, l'évêque de Lan, et l'évêque de Calon ; sur les autres s'assirent le très révérend légat, le cardinal de Paris, Medon, Lorraine et Ferrare, en vêtements consistoriaux ; et puis beaucoup d'évêques entrèrent successivement, en vêtements pontificaux. Les pairs spirituels de France étaient revêtus de l'habit d'évêque avec la mitre, et les séculiers avaient le vêtement de duc, avec le manteau de velours noir doublé d'hermine, un petit collet rond sur les épaules, la veste d'or, la couronne sur la tête et le collier de Saint-Michel au cou.

Après être restés pendant une demi-heure sans rien faire, les deux cardinaux pairs de France se levèrent, et, portant cierges et croix, ils allèrent avec les chanoines et les prêtres chercher le roi qui les attendait à la maison, et, le tenant chacun par un bras, ils le conduisirent à l'église, en chantant ces paroles : « *Ecce ego mitto Angelum meum qui præcedat te, et custodiat semper; observa et audi vocem meam, et ero inimicus inimicis tuis, et affligam affligentes te, et præcedet te Angelus meus.* » Arrivés à l'église, les chanoines chantèrent : « *Domine, in virtute tua lætabitur Rex ;* » les deux cardinaux présentèrent le roi à l'archevêque qui l'aspergea d'eau bénite ; puis le roi s'assit à sa place, et les autres furent tous placés par les maîtres de cérémonie.

Sa Majesté était vêtue, en dessus, d'une veste en fil d'argent, descendant jusqu'à terre, faite à la mode des robes longues que portent les prêtres dans ces contrées ; en dessous, elle avait une sorte d'habit de moine en satin cramoisi, étroit et serré partout, excepté au bas, tant devant que derrière pour la commodité de la marche ; et, sur la poitrine et au dos, il y avait une ouverture d'une demi-coudée, mais fermée avec quelques agrafes d'argent, et avec des cordons de soie blanche ; sur la tête un béret de velours noir, avec une plume blanche à bouts d'or ; aux pieds des souliers et des bas blancs, et à la main des gants blancs sans parfum ni apprêt.

Le seigneur connétable, le grand-maître, le grand chambellan et le maréchal étaient habillés en ducs, comme les pairs de France, ni plus ni moins ; le connétable portait l'épée nue à la main, et Mgr de Saint-André, le bâton. Le grand chancelier portait une veste de damas cramoisi, comme il a l'habitude de porter ; mais, par dessus, un vêtement tombant jusqu'à terre en écarlate, doublé d'hermine, presque de la forme d'une toge, parce que, outre l'ouverture ordinaire de devant, il avait deux ouvertures, qui descendaient des épaules sur les deux côtés, à droite et à gauche. Sur cette toge il avait un capuchon, écarlate aussi, doublé d'hermine ; mais cette partie du capuchon qui couvre la tête était très longue, et rabattue, tombant en arrière comme chez les évêques ; sur la tête il portait sa barrette ordinaire. Les autres princes, chevaliers et gentilshommes étaient vêtus de très belles robes d'or, d'argent, de soie, avec de très belles broderies et autres ouvrages, et avec tant de colliers et de bijoux au cou, de médailles et de joyaux aux barrettes, que je fus surpris de voir tant de grandeur.

Chacun étant assis à sa place, le Roi Très Chrétien envoya Mgr de Momeranci, fils du seigneur connétable, Mgr de Rius, le comte de Martigue et le comte de Lantrimolan chercher et accompagner jusqu'à la cathédrale la Sainte-Ampoule à l'église de Saint-Remy (où elle est toujours conservée et gardée dans une très belle châsse près du corps de ce saint). Arrivés à Saint-Remy, il leur fallut promettre, avec des serments au vicaire de l'abbaye, de bien garder l'ampoule et de la rapporter où ils étaient allés la chercher ; cette promesse faite, le vicaire et le prieur, accompagnés des quatre princes, la portèrent en procession jusqu'à la première église, et arrivés là, ils la remirent aux mains de l'archevêque qui était allé à leur rencontre avec les autres cinq évêques pairs de France, avec les chanoines, la croix, les cierges et les crosses. L'ayant reçue avec grand honneur et après avoir fait, lui aussi, au vicaire de l'abbaye une promesse, pareille à celle des princes, il retourna à l'autel et la mit d'un côté ; le roi, et tous présents, s'étant agenouillés, lui firent grand honneur, et les quatre princes se placèrent près de l'autel le plus près possible de la Sainte-Ampoule, pour faire bonne garde. Et pendant qu'on portait l'ampoule à l'autel, le chœur chanta ces paroles : « *O pretiosum munus, o pretiosa gemma, quæ pro unctione Francorum Regum, ministerio angelico cœlitus est emissa. Inveni David servum meum, oleo sancto meo unxi eum.* » Et l'archevêque chanta une oraison remerciant Dieu de ce don, et le priant pour la bonne inspiration et la prospérité du roi qui devait être oint de cette huile envoyée pour lui par la grâce du ciel.

Cette oraison chantée, l'archevêque alla se vêtir pour la messe, et accompagné, comme c'est l'habitude, de ses ministres, précédé de la croix, de la crosse et des cierges, avec deux évêques de son diocèse parés pour chanter l'Épître et l'Évangile, il vint à l'autel, et, ayant bénit l'eau, il se leva et le roi s'agenouilla devant lui, tandis que l'archevêque dit au roi ces paroles : « *A vobis promitti et perdonari petimus, ut unicuiq; de nobis et ecclesiis nobis commissis canonicum privilegium, et debitam legem atq; justitiam conservetis, et defensionem exhibeatis, sicut Rex in suo regno debet unicuiq; Episcopo, et Ecclesiæ sibi commissæ.* » A quoi le roi répondit avec les mêmes paroles : « *Vobis promitto et perdono,* etc... » Puis, on lui présenta un missel qu'il baisa et, le touchant de la main droite, il jura ; et le serment fut lu par Sa Majesté sur une feuille qu'il tenait à la main, avec si forte voix qu'il fut très bien entendu des assistants. « *Hæc populo Christiano mihi subdito in Christi promitto nomine. In primis ut ecclesiæ Dei omnis populus Christianus veram pacem nostro arbitrio omni tempore servet. Item ut omnes rapacitates et omnes iniquitates omnibus gradibus interdicam. Item ut in omnibus judiciis æquitatem et misericordiam præcipiam, ut mihi et vobis indulgeat suam misericordiam clemens et misericors Deus. Item de terra mea et jurisditione mihi subdita universos hæreticos ab Ecclesia denotatos, pro viribus bona fide exterminare studebo : hæc omnia prædicta firmo juramento.* »

Le serment fait, le roi se leva devant l'autel, et le grand chambellan lui ôta la première veste d'argent, les gants et les souliers ; puis, l'archevêque, ayant dit une longue oraison, incliné sur Sa Majesté, ordonna qu'on lui mît les bas royaux qui étaient de velours noir, tout couverts de fleurs de lys d'or ; et le roi s'assit sur une chaise apportée à cet effet, et l'ordre de l'archevêque fut exécuté par le grand chambellan. Puis, Sa Majesté restant assise, le roi de Navarre, comme duc de Bourgogne, averti par l'archevêque, s'étant agenouillé devant Sa Majesté, lui mit les deux éperons, et immédiatement il les lui ôta, car il suffit qu'il les ait eus aux pieds un petit moment. Après les éperons, on apporta une épée avec le ceinturon et le fourreau tout en or très bien travaillé, que l'archevêque bénit, et dont, de ses propres mains, il ceignit le roi. Ayant tiré l'épée du fourreau, il la lui remit en disant : « *Accipe gladium tuum benedictione tibi collatum, in quo, per virtutem Spiritus sancti, resistere et ejicere omnes inimicos tuos valeas, cunctos sanctæ ecclesiæ adversarios regnumq; tibi commissum tutari, et castra Dei protegere per auxilium invictissimi triumphatoris Domini nostri Jesu Christi.* » Après ces paroles le chœur suivit, disant : « *Confortare et esto vir, et observa custodias Domini Dei tui, ut ambules in viis ejus et custodias cerimonias ejus, et præcepta ejus, et testimonia et judicia, et quocunq; te verteris confirmet te Deus.* »

Le roi, lorsque l'archevêque fut retourné à l'autel, se leva et alla, de ses propres mains, mettre l'épée nue sur l'autel, où elle était d'abord, et retourna s'agenouiller; l'archevêque la reprit et, une seconde fois, la remit à Sa Majesté. Celle-ci, l'ayant tenue à la main avec la pointe levée en haut, pendant que l'archevêque chanta une certaine oraison, la donna ensuite au seigneur connétable qui, agenouillé devant elle, la reçut et puis se leva, s'arrêtant à droite de Sa Majesté, et tenant l'épée à la main avec la pointe en haut, ne quitta pas cette place jusqu'à ce que l'archevêque eût dit beaucoup d'oraisons, bénissant le roi, après lesquelles Sa Majesté ôta le ceinturon avec le fourreau, et les fit remettre sur l'autel.

Puis l'archevêque commença à préparer l'oraison, et pendant qu'il versa le liquide de la Sainte-Ampoule, le chœur chanta ces paroles : « *Gentem Francorum inclytam simul cum Rege nobili, Beatus Remigius, sumpto cœlitus crismate, sacro sanctificavit gurgite, atq; spiritus sancti plene ditavit munere, dono singularis gratiæ in columba apparuit, et divinum crisma cœlitus Pontifici ministravit.* »

Lorsque l'onction fut préparée, le roi et l'archevêque, inclinés devant l'autel, s'abaissèrent jusqu'à terre; tous deux, à voix basse, ainsi que deux évêques et le chœur chantèrent les litanies. Quand ils arrivèrent au passage de la consécration, l'archevêque se leva et, se tournant vers le roi, qui était encore par terre, il dit, tenant la crosse à la main et ayant la mitre en tête, ces paroles: « *Ut hunc præsentem famulum tuum Henricum in*

Regem coronandum benedicere digneris, » il répéta ce verset deux fois, la première fois disant *benedicere et sublimare,* la seconde *benedicere, subdemare et consecrare digneris,* et le chœur à chaque fois lui répondit : « *Te rogamus, audi nos.* »

Les litanies terminées, le roi se mit à genoux devant l'archevêque qui, assis sur son siège, dit beaucoup d'oraisons en le bénissant, pour en venir ensuite à la consécration ; et, les oraisons finies, il se leva et se fit apporter sur une patène le chrème qu'il avait préparé, mélangé avec un peu de liquide de la Sainte-Ampoule. Sur ces entrefaites le grand chambellan avait ouvert la veste cramoisie du roi sur la poitrine et au milieu des épaules, en l'écartant de manière à découvrir les épaules, la poitrine et les bras jusqu'au coude ; sur ces parties Sa Majesté Très Chrétienne ne garda qu'une chemise très fine qui avait de grandes ouvertures partout où la sainte onction devait être faite.

L'archevêque s'étant approché de Sa Majesté, et ayant trempé le gros doigt dans le chrème et le liquide de la Sainte-Ampoule, oignit Sa Majesté, faisant le signe de la croix d'abord sur la tête, ensuite à la poitrine, puis entre les épaules, puis aux épaules, et en dernier lieu aux coudes, disant chaque fois : « *Ungo te in Regem de oleo sanctificato in nomine patris et filii et spiritus sancti. Amen.* » Et pendant que se fit cela, le chœur chanta : « *Unxerunt Salomonem Sadoch sacerdos, et Nathan propheta Regem in Gion, et accedentes læti dixerunt, vivat Rex in æternum.* »

L'onction accomplie, l'archevêque continua de dire d'autres oraisons dévotes, que j'omets par brièveté, et le roi remit la veste cramoisie comme la première fois. Ceci fait, l'archevêque lui fit mettre deux vestes l'une par dessus l'autre, les deux de velours noir toutes couvertes de fleurs de lys d'or, faites comme les petites tuniques de prêtres qui chantent l'épître et l'évangile ; et puis, par dessus, il lui fit mettre le manteau royal du même velours avec les fleurs de lys, sur lequel il ajusta le collier du grand Ordre et le collier de Bretagne ; puis avec l'huile sainte de l'ampoule et le chrême, il lui oignit les mains, en disant : « *Ungantur manus istæ de oleo sanctificato, unde uncti fuerunt Reges et Prophetæ, et sicut unxit Samuel David in Regem, ut sis benedictus et constitutus Rex in Regno isto, quod Dominus Deus dedit tibi ad regendum et gubernandum.* » Les mains étant ointes de cette manière, le roi les joignit sur la poitrine, et les tint ainsi pendant que l'archevêque dit une très pieuse oraison ; puis il les revêtit de ses gants que l'archevêque avait bénits, et l'archevêque dit ces paroles : « *Circunda, Domine, manus hujus famuli tui mundicia novi hominis, quæ de cœlo descendit, ut quemadmodum Jacob dilectus tuus, pelliculis hædorum opertis manibus paternam benedictionem, oblato patri cibo potuq; gratissimo, impetravit, sic iste gratiæ tuæ benedictionem impetrare mereatur.* » Et cela dit, l'archevêque prit un grand anneau d'or, avec un rubis très beau et grand, et, l'ayant bénit avec une oraison adressée à Dieu, il le mit au quatrième doigt de Sa Majesté en disant : « *Accipe annulum signaculum videlicet fidei sanctæ, soliditatem Regni, augumentum potentiæ, per quem scias triumphali potentia hostes repellere, hæreses destruere, subditos coadunare, et catholicæ fidei perseverabilitate connectere.* »

Après l'anneau, il lui mit le sceptre dans la main gauche, et la verge de justice dans la main droite, le sceptre étant un bâton d'or aussi long qu'un homme grand, avec l'effigie de Charlemagne placée sur un siège au faîte ; à la moitié de ce sceptre une longue verge s'allonge avec une main d'ivoire au bout, comme pour donner la bénédiction. Et pendant que l'archevêque remit le sceptre à Sa Majesté, il dit : « *Accipe sceptrum regiæ potestatis insigne, virgam scilicet regni rectam, virgam virtutis, qua te ipsum bene regas, sanctam ecclesiam populumq; videlicet Christianum tibi a Deo commissum Regia virtute ab improbis defendas, pravos corrigas, rectos pacifices, et ut viam rectam tenere possint, tuo in nomine dirigas, quo de temporali Regno ad æternum pervenias ipso adjuvante, cujus Regnum et Imperium sine fine permanet.* » Quand il lui donna la verge, il dit : « *Accipe virgam virtutis et æquitatis, qua intelligas mulcere pios, et terrere reprobos, errantibus viam dare, lapsisq; manum porrigere, disperdasq; superbos et releves humiles, ut aperiat tibi ostium Jesus Christus Dominus noster, qui ait, ego sum ostium, per me si quis introierit, salvabitur* » ; il ajouta beaucoup d'autres belles paroles dévotes et bien à propos.

Le grand chancelier monta ensuite à l'endroit le plus élevé de l'autel, près de l'archevêque, et appela l'un après l'autre les pairs de France, en lisant leur nom sur une cédule ; ils lui répondirent à tour de rôle et vinrent auprès du roi qui était toujours à genoux, attendant la couronne. Les pairs étant réunis, l'archevêque prit la couronne, et, l'élevant des deux mains, il la montra au peuple ; puis il la remit aux autres pairs de France qui la tinrent tous au-dessus de la tête du roi jusqu'à ce que l'archevêque, avec beaucoup de prières et d'oraisons à Dieu, l'eut bénite. Les oraisons terminées, les douze pairs placèrent la couronne sur la

tête de Sa Majesté, pendant que l'archevêque dit :
« *Coronet te Deus corona gloriæ, atq; justitiæ honore, et opere fortitudinis, ut per officium nostræ benedictionis cum fide recta et multiplici bonorum operum fructu ad coronam pervenias regni perpetui, ipso largiente, cujus regnum et imperium permanet in secula seculorum.* » Il accompagna ces paroles de beaucoup de belles oraisons, bénissant le roi couronné, lui souhaitant félicité, prospérité, constance, foi et religion.

Toutes les bénédictions étant terminées, et Sa Majesté couronnée avec tous les ordres et les insignes que vous savez, l'archevêque, aidé de tous les autres pairs de France, la conduisit au trône élevé que je vous ai dit avoir été préparé au-dessus de la porte du chœur, et au siège royal, où Elle fut vue de tout le peuple, et où ils la firent asseoir. Ensuite, les pairs de France et les ministres de Sa Majesté Très Chrétienne se rendirent à leurs places, préparées près du trône, comme je vous l'ai annoncé plus haut. Et pendant qu'ils s'y rendirent, l'archevêque dit ces paroles : « *Sta et retine a modo statum, quem hucusq; paterna successione tenuisti, hœreditario jure tibi delegatum per auctoritatem Dei omnipotentis, et per præsentem traditionem nostram omnium S. Episcoporum cœterumq; Dei servorum ; et quanto clerum propinquiorem sacris altaribus prospicis, tanto ei potiorem in locis congruentibus honorem impendere memineris, quatenus mediator Dei et hominum, te mediatorem cœli et plebis constituat, in hoc regni solio confirmet, et in regno æterno regnare te faciat Jesus Christus Dominus noster Rex Regum et Dominus Dominantium.* »

Après ces paroles, on chanta de la chapelle le

psaume : *Te Deum laudamus*, le verset et le répons, puis : *Firmetur manus tua et exaltetur dextera tua. Justitia et judicium præparatio sedis tuæ*. L'archevêque dit cette oraison à haute voix : « *Deus qui victrices Moïsi manus in oratione firmasti, qui quamvis ætate tabesceret, tamen infatigabili sanctitate pugnabat, ut cum Amalech iniquus vincitur, dum profanus nationum populus subjugatur, exterminatis alienigenis, hœreditatatis tuæ possessio copiosa serviret, opus manuum nostrarum pia nostræ orationis exauditione confirma. Habemus et nos apud te sancte pater Dominus Salvatorem, qui pro nobis manus suas tetendit in cruce, per quem etiam precamur altissime, ut ejus potentia suffragante, universorum hostium frangatur impietas, populusq; tuus cessante formidine, te solum timere condiscat.* »

Puis le roi, étant toujours assis sur le trône sans mouvoir, l'archevêque, qui l'avait couronné, enleva la mitre, et, avec une grande révérence, alla le baiser, et, se tournant vers le peuple, il dit : « Vive le Roi, » et, les voix de la chapelle répondirent en chantant : « *Vivat Rex in æternum*. » Après lui, les autres évêques, les ducs et les comtes, l'un après l'autre en bon ordre, vinrent faire de même.

Cela fait, le peuple au son des trompettes et des tambours s'écria : « Vive le Roi. » On tira de nombreux coups de canons, et les hérauts répandirent des monnaies d'or et d'argent pour une somme de francs MX.

Je vous laisse à penser le tumulte, le vacarme, la confusion et l'allégresse qui se firent et que je ne pourrais vous décrire.

Après cette cérémonie, l'archevêque chanta une

messe solennelle, pendant laquelle on ne vit rien de remarquable que l'approche solennelle, après l'offertoire, du Roi Très Chrétien accompagné des onze pairs de France et des ministres principaux de Sa Majesté venant faire offrande à l'autel. Cette offrande fut un grand vase d'argent rempli de vin, deux grands panneaux, l'un doré, l'autre argenté, et une bourse avec treize écus d'or.

Puis la paix fut apportée par le très révérend cardinal de Lorraine qui la prit de l'archevêque avec le baiser de la bouche, et tous les autres pairs de France, l'un après l'autre, de la même manière allèrent la prendre de Sa Majesté Très Chrétienne. Après quoi l'archevêque communia, et Sa Majesté, avec très grande vénération, alla recevoir le Très Saint Sacrement de la main de l'archevêque, et, étant restée pendant quelque temps à genoux devant l'autel. Elle retourna s'asseoir sur le trône jusqu'à la bénédiction qu'elle reçut à genoux.

La messe finie, Sa Majesté, dépouillée des vêtements royaux de velours, fut vêtue d'une autre veste plus légère, et l'archevêque lui ayant mis une couronne plus petite que la première, le roi, précédant la cour et les ministres dans le même ordre qu'à l'entrée à l'église, retourna au palais, où l'on dîna en grande pompe et fête, et où il y eut un banquet public pour plus de deux mille personnes autres que les ambassadeurs, princes, prélats, chevaliers et courtisans, autant le matin que le soir.

Au dîner, Sa Majesté fut servie par les principaux seigneurs de la cour; au souper, le seigneur connétable servit comme grand-maître, et les autres pairs de France comme écuyers de Sa Majesté Très Chrétienne.

Après le souper, Sa Majesté Sérénissime la Reine, le roi de Navarre et finalement tous les autres princes dansèrent très joyeusement, tant à la française qu'à l'italienne, les portes restant ouvertes et l'entrée étant libre pour toutes les personnes de qualité. Je ne puis décrire la somptuosité des vêtements d'or et d'argent, des broderies, des colliers, des joyaux et des perles, qui fut aperçue tant autour du Roi Très Chrétien et de la Reine Sérénissime, que sur chacun des autres princes, dames, chevaliers et gentilshommes. Cette fois, vraiment, on a vu une bonne part de la grandeur de la France.

Le lendemain, Sa Majesté Très Chrétienne alla à un endroit appelé Saint-Marcou, pour toucher les malades d'écrouelles, où, après le jeûne habituel de trois jours, et ayant reçu le sacrement encore une fois, Elle toucha les malades qui l'attendaient en grand nombre ; et leur ayant fait une grande aumône, Elle s'en alla.

J'ai voulu vous décrire si particulièrement cette solennité et cérémonie, pour vous faire oublier, sinon en tout au moins en partie, le désir que vous devez avoir eu de la voir. Acceptez de bonne grâce ce service, et pardonnez la langue rustique et le style inculte, auxquels, en vous écrivant familièrement, j'ai peu pensé. Pour cette raison aussi, je désire que ces lettres n'aillent qu'entre les mains de quelques-uns de vos amis et confidents, et je vous recommande ma personne et mon honneur.

Extrait du Tome CXXXII

des Travaux de l'Académie de Reims

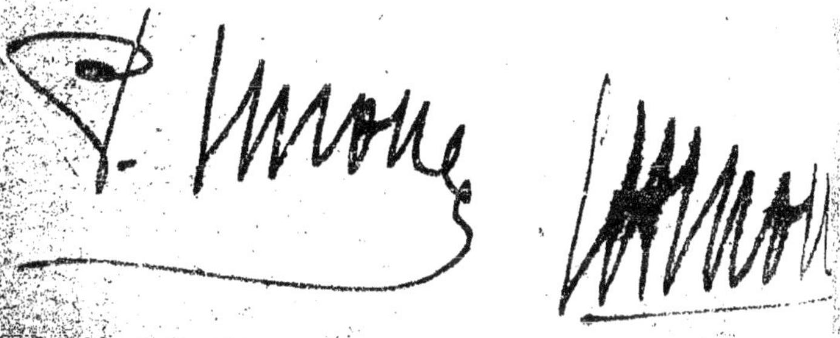

www.ingramcontent.com/pod-product-compliance
Lightning Source LLC
Chambersburg PA
CBHW060613050426
42451CB00012B/2234